# BEI GRIN MACHT SICH IHR WISSEN BEZAHLT

- Wir veröffentlichen Ihre Hausarbeit, Bachelor- und Masterarbeit

- Ihr eigenes eBook und Buch - weltweit in allen wichtigen Shops

- Verdienen Sie an jedem Verkauf

Jetzt bei www.GRIN.com hochladen und kostenlos publizieren

GRIN

Christopher Langhans

# Der sportmotorische Test: praktische Anwendung und statistische Auswertung

GRIN Verlag

**Bibliografische Information der Deutschen Nationalbibliothek:**

Die Deutsche Bibliothek verzeichnet diese Publikation in der Deutschen National-
bibliografie; detaillierte bibliografische Daten sind im Internet über http://dnb.d-
nb.de/ abrufbar.

**Impressum:**

Copyright © 2010 GRIN Verlag GmbH
Druck und Bindung: Books on Demand GmbH, Norderstedt Germany
ISBN: 978-3-640-90500-3

**Dieses Buch bei GRIN:**

http://www.grin.com/de/e-book/170778/der-sportmotorische-test-praktische-
anwendung-und-statistische-auswertung

**GRIN - Your knowledge has value**

Der GRIN Verlag publiziert seit 1998 wissenschaftliche Arbeiten von Studenten, Hochschullehrern und anderen Akademikern als eBook und gedrucktes Buch. Die Verlagswebsite www.grin.com ist die ideale Plattform zur Veröffentlichung von Hausarbeiten, Abschlussarbeiten, wissenschaftlichen Aufsätzen, Dissertationen und Fachbüchern.

**Besuchen Sie uns im Internet:**

http://www.grin.com/

http://www.facebook.com/grincom

http://www.twitter.com/grin_com

Matthias-Grünewald-Gymnasium          Kollegstufenjahrgang 2009/2011


FACHARBEIT

aus dem Fach
Sport


Thema: Der sportmotorische Test: praktische Anwendung und statistische Auswertung


Verfasser:        Christopher Langhans
Leistungskurs:    Sport


Erzielte Note:        ...............        in Worten: ..............................

Erzielte Punktzahl:   ...............        in Worten: ..............................
(einfache Wertung)


Abgabe im Kollegstufenbüro am ...............


...............................................
(Unterschrift des Kursleiters)

# Inhaltsverzeichnis

# 1. Vorwort

Die Optimierung der sportlichen Leistungsfähigkeit ist kein geradliniger Prozess, sondern erfolgt durch einen ständigen Wechsel von Diagnose und Verhaltensänderung. Hierbei bauen die einzelnen Entscheidungen zur Änderung des Trainings auf den Ergebnissen der vorhergehenden Diagnose auf. Daher ist die Kenntnis verschiedener Informationen zum Leistungsstand des Trainierenden und zur Wirkung von Trainingsmaßnahmen eine Grundvoraussetzung zur Ermöglichung eines systematischen und planmäßigen Trainings. Außerdem sollte die Bewertung des absolvierten Trainings nicht nur mittels der Ergebnisse aus der Wettkampfperiode erfolgen, sondern auch mit Hilfe von bereits in den vorangehenden Etappen der sportlichen Entwicklung definierten Zwischenzielen, die einer regelmäßigen Prüfung unterliegen müssen. Diese komplexen Vorgänge der Planung, der zielorientierten Durchführung sowie der Überprüfung und Auswertung des Trainings, einschließlich der daraus möglicherweise resultierenden Korrekturen des Trainingsplans, werden in der Sportwissenschaft als Trainingssteuerung bezeichnet.

Nachdem Änderungen im Trainingsplan nicht nur von den subjektiven Beobachtungen von Trainer und Athlet abhängen sollten, werden hierfür objektive Leistungskontrollen benötigt. Als Leistungskontrolle wird dabei „das Erfassen von Leistungen einzelner Sportler durch Messen, Zählen, Beobachten und Bewerten in einer Sportart oder Sportdisziplin mit dem Ziel, die Trainingswirkung einzelner Belastungen oder den Trainingszustand eines einzelnen Sportlers festzustellen" (Harre 1976, 24) bezeichnet.

Diese Forderung nach einem Leistungskontrollverfahren, welches objektive Informationen zum gegenwärtigen Leistungsstand und zur Wirkung von Trainingsmaßnahmen eines Sportlers liefert, auf Grund derer der Trainingsplan festgelegt und gegebenenfalls korrigiert wird, wird im Besonderen von sportmotorischen Testverfahren erfüllt (vgl. Neumaier 1983, 11ff.).

## 2. Begriffe und Definitionen

### 2.1. Sportmotorisches Testverfahren

„Ein sportmotorischer Test (SMT) ist ein unter standardisierten Bedingungen durchführbares Routineverfahren zur Untersuchung eines oder mehrerer empirisch abgrenzbarer Merkmale des individuellen sportmotorischen Fähigkeits- und Fertigkeitsniveaus. Das Testergebnis soll eine möglichst quantitative Aussage über den relativen Grad der individuellen (oder gruppenspezifischen) Merkmalsausprägung zulassen" (Neumaier 1983, 27).

### 2.2. Testgütekriterien

Wie jede wissenschaftliche Messmethode muss auch ein sportmotorisches Testverfahren bestimmten Gütekriterien genügen. Hierbei unterscheidet man die Hauptgütekriterien Objektivität, Reliabilität und Validität und die Nebengütekriterien Ökonomie, Normierung und Nützlichkeit. Die Objektivität beschreibt den „Grad der Unabhängigkeit der Testergebnisse gegenüber Einflüssen seitens des Testleiters, Auswerters und Beurteilers" (Neumaier 1983, 151). Unter der Reliabilität eines Testes versteht man den „Grad der Genauigkeit, mit dem er ein bestimmtes Persönlichkeits- oder Verhaltensmerkmal misst, gleichgültig, ob er dieses Merkmal auch zu messen beansprucht" (Lienert 1969, 14). Im Gegensatz dazu gibt die Validität „den Grad der Genauigkeit an, mit dem der Test dasjenige Merkmal, das gemessen werden soll, auch tatsächlich misst" (Lienert 1969, 16ff. u. 255ff.).

Ein Test gilt als ökonomisch, wenn er eine kurze Durchführungszeit benötigt, wenig Testmaterial und Geräteaufwand verlangt, einfach zu handhaben ist, als Gruppentest durchgeführt werden kann und ohne größeren Rechenaufwand auswertbar ist (vgl. Neumaier 1983, 191). Liegen Angaben zur Einordnung der Testergebnisse vor, beispielsweise Vergleichsdaten aus empirischen Studien, so gilt der Test als normiert. Nützlichkeit bedeutet bei einem sportmotorischer Test, dass er eine sportmotorische Fähigkeit oder Fertigkeit misst, für deren Kenntnis ein praktisches Bedürfnis besteht und die nicht mit anderen Testverfahren besser untersucht werden könnte.

# 3. Auswahl und Durchführung des „Deutschen Motorik Tests"

## 3.1. Auswahlkriterien des Testverfahrens

Bei der Auswahl des geeigneten Testverfahrens war neben den oben erwähnten Hauptgütekriterien der Objektivität, Reliabilität und Validität im Besonderen das Nebengütekriterium der Ökonomie von großer Wichtigkeit, da im Schulunterricht naturgemäß nur begrenzte Ressourcen zur Verfügung stehen und die Testdurchführung innerhalb von 90 Minuten ablaufen sollte. Bei allen in Frage kommenden sportmotorischen Tests mussten daher einige Übungen zwecks Durchführbarkeit gestrichen werden. Unter den zur Verfügung stehenden sportmotorischen Tests erfüllt besonders der „Deutsche Motorik-Test 6-18" in vielerlei Hinsicht diese Kriterien:

So wurden sowohl eigene Studien als auch Expertenbefragungen zur Überprüfung der teststatistischen Hauptgütekriterien für den „Deutschen Motorik-Test 6-18" durchgeführt, die in ihrer Gesamtheit einen hohen Grad an Testgüte und Praktikabilität belegen (vgl. Bös 2009, 41ff.). Außerdem benötigt der „Deutsche Motorik-Test 6-18" eine relativ kurze Durchführungszeit, ist als Gruppentest durchführbar und einfach verständlich, verlangt wenig Testmaterial und Geräteaufwand und kann ohne größeren Rechenaufwand ausgewertet werden, so dass ein hoher Grad an Ökonomie erreicht wird.

## 3.2. Vorstellung und Beschreibung

Der „Deutsche Motorik-Test 6-18" wurde vom ad-hoc-Ausschuss der Deutschen Vereinigung für Sportwissenschaft, in der sieben renommierte Experten verschiedener sportwissenschaftlicher Teildisziplinen vertreten waren, unter der Leitung von Prof. Dr. Bös erstellt. Die Testbatterie, die aus sieben Testaufgaben besteht, ermöglicht es, die motorischen Fähigkeiten Ausdauer, Kraft, Schnelligkeit, Koordination und Beweglichkeit zu messen, die zusammenfassend als körperliche Leistungsfähigkeit bezeichnet werden. Hierbei erfolgt die Überprüfung dieser Fähigkeiten mittels einfachstrukturierter motorischer Fertigkeiten wie z.B. Laufen oder Springen, wobei sportartenspezifische Fertigkeiten (z.B. Ball spielen, Schwimmen, Turnen) ausgeklammert werden. Somit ermöglicht der Test das Messen des aktuellen Leistungsstandes und eignet sich zur Beschreibung von Leistungsveränderungen (vgl. Bös 2009, 11).

Der Test wurde für den Einsatz in Schulen und Sportvereinen entwickelt und ermöglicht ein Ermitteln des Leistungsstandes von Kindern und Jugendlichen im Alter von 6 bis 18 Jahren. Im Folgenden werden nun die sieben Testaufgaben des „Deutschen Motorik-Tests 6-18" vorgestellt und näher erläutert:

Der 20m-Sprint:

Der 20m-Sprint dient zur Überprüfung der Aktionsschnelligkeit. Der Proband muss eine Laufstrecke von 20m in möglichst kurzer Zeit zurücklegen, wobei aufrecht und in Schrittstellung hinter der Startlinie gestartet wird. Ein externer Starter gibt das akustische Startsignal und die Zeit wird auf Höhe der Ziellinie manuell gestoppt. Die Aufgabe wird zweimal durchgeführt, wobei der Lauf bei einem Fehlstart sofort abgebrochen und wiederholt wird. Hierbei wird die Laufzeit in Sekunden auf Zehntel-Sekunden genau gemessen und der Bestwert als Messwert gewertet.

Seitliches Hin- und Herspringen:

Diese Aufgabe dient der Überprüfung der Koordination bei Sprüngen unter Zeitdruck. Hierbei soll die Testperson mit beiden Beinen gleichzeitig so schnell wie möglich innerhalb von 15 Sekunden seitlich über die Mittellinie eines durch Klebeband markierten Feldes mit den Maßen einer Teppichmatte hin- und herspringen. Vor Testbeginn absolviert der Proband fünf Probesprünge. Die Testperson führt zwei Versuche von je 15 Sekunden Dauer durch, zwischen denen eine Pause von mindestens einer Minute einzulegen ist. Die Testaufgabe wird zu Beginn vom Testpersonal demonstriert. Bei der Messwertaufnahme wird die Anzahl der ausgeführten Sprünge von zwei gültigen Versuchen (hin zählt 1, her als 2 usw.) von je 15 Sekunden Dauer erfasst. Nicht gezählt werden Sprünge, bei denen die Testperson auf die Mittellinie tritt oder eine der anderen Seitenlinien übertritt sowie Sprünge, die nicht beidbeinig durchgeführt werden. Bei der Auswertung dient der Mittelwert aus beiden Versuchen als Messwert.

Rumpfbeuge:

Die Rumpfbeuge dient zur Messung der Rumpfbeweglichkeit. Der Proband steht ohne Sportschuhe auf einer Langbank und soll den Oberkörper langsam nach vorne beugen, wobei die Hände parallel, entlang einer Zentimeterskala, möglichst weit nach unten geführt werden. Hierbei sind die Beine parallel und gestreckt. Die maximal erreichbare Dehnposition ist zwei Sekunden lang zu halten-, wobei der Skalenwert an dem tiefsten

Punkt, den die Fingerspitzen berühren, abgelesen wird. Die Testperson hat zwei Versuche, zwischen denen eine Pause einzulegen ist, in der sich der Proband kurz aufrichten soll. Bei der Messwertaufnahme wird der erreichte Skalenwert (pro Versuch) notiert, wobei der Bestwert in der Relation zum Sohlenniveau den Messwert bildet.

Liegestütz:

Diese Aufgabe erfasst die Kraftausdauer der oberen Extremitäten. Hierbei soll die Testperson innerhalb von 40 Sekunden so viele Liegestütze wie möglich durchführen. In der Ausgangsposition liegt der Proband in Bauchlage und die Hände berühren sich auf dem Gesäß. Er löst die Hände hinter dem Rücken, setzt sie neben den Schultern auf und drückt sich vom Boden ab, bis die Arme gestreckt sind und der Körper vom Boden gelöst ist. Anschließend wird eine Hand von der Unterlage abgehoben und berührt die andere Hand, wobei nur Hände und Füße Bodenkontakt haben, der Rumpf und die Beine gestreckt gehalten werden und eine Hohlkreuzhaltung zu vermeiden ist. Danach werden die Arme gebeugt, bis der Körper wieder in Bauchlage und die Ausgangsposition eingenommen ist. Bevor ein neuer Liegestütz durchgeführt wird, berühren sich die Hände der Testperson hinter dem Rücken. Die Übung wird zu Beginn demonstriert und der Proband absolviert vor der Messwertaufnahme zwei Probeversuche. Gezählt werden die korrekt ausgeführten Liegestütze in einem Zeitraum von 40 Sekunden, wobei jedes Mal gezählt wird, wenn sich die Hände wieder hinter dem Rücken berühren. Als notwendige Kriterien hierfür gelten, dass nur die Hände und Füße den Boden berühren, die Hand am Handrücken abgeschlagen wird, auf dem Rücken „abgeklatscht" wird und die Beine bzw. der Oberkörper den Boden beim Hochstützen gleichzeitig verlassen.

Sit-ups:

Diese Testaufgabe dient zur Untersuchung der Kraftausdauer der Rumpfmuskulatur. Der Proband muss in 40 Sekunden so viele Sit-ups wie möglich absolvieren, wobei seine Füße während der Durchführung vom Testpersonal fixiert werden und die Beine im Kniegelenk um ca. 80° gebeugt sind. Hierbei werden die Fingerspitzen an die Schläfe und der Daumen hinter das Ohrläppchen gehalten. Diese Haltung darf während der Durchführung nicht verändert werden. Die Testperson soll bei einem Sit-up aus liegender Position den Oberkörper aufrichten, mit beiden Ellenbogen beide Knie berühren und beim Ablegen des Oberkörpers müssen beide Schulterblättern Kontakt zum Boden haben. Den Messwert bildet die Anzahl der korrekt ausgeführten Sit-ups innerhalb von 40 Sekunden.

Standweitsprung:

Beim Standweitsprung soll die Schnellkraft bei Sprüngen (Sprungkraft) erfasst werden. Die Testperson muss mit einem Sprung möglichst weit springen, wobei sowohl der Absprung als auch die Landung beidbeinig erfolgen soll. Bei der Landung darf nicht mit der Hand nach hinten gegriffen werden. Zu Beginn wird die Testaufgabe vom Testpersonal demonstriert und anschließend vom Probanden in zwei gültigen Versuchen wiederholt, wobei die Entfernung von der Absprunglinie bis zur Ferse des hinteren Fußes bei der Landung in Zentimetern gemessen wird. Hierbei dient der beste Versuch aus beiden Sprüngen als Messwert.

Sechs-Minuten-Lauf:

Der Sechs-Minuten-Lauf dient zur Messung der aeroben Ausdauer beim Laufen. Der Ausdauerlauf erfolgt in Gruppen bis ca. zehn Testpersonen, wobei diese das Volleyballfeld in sechs Minuten möglichst oft umrunden sollen. Hierbei ist sowohl Laufen als auch Gehen zulässig. Während des Laufs wird in Minutenabständen die noch zu laufende Zeit angegeben und nach Ablauf der sechs Minuten darauf geachtet, dass jeder Proband an Ort und Stelle stehen bleibt, so dass die Strecke der angefangenen letzten Runde errechnet werden kann. Der Messwert für jede Testperson ist die in sechs Minuten zurückgelegte Wegstrecke in Metern, die sich aus der Anzahl der Runden(1 Runde = 54m) plus der zurückgelegten Reststrecke zusammensetzt (vgl. Bös 2009, 33ff.).

Die Übung „Balancieren rückwärts" konnte auf Grund von Materialmangel nicht durchgeführt werden, weswegen hier auf eine detaillierte Beschreibung verzichtet wird.

### 3.3. Durchführung des „Deutschen Motorik-Tests 6-18"

Die Anwendung eines sportmotorischen Tests erfordert große Sorgfalt und Genauigkeit, sowohl bei der Vorbereitung als auch bei der Durchführung, damit der Test ohne Zwischenfall und Zeitverlust durchgeführt werden kann, wodurch aussagekräftige und zuverlässige Ergebnisse erzielt werden können. Daher mussten bereits im Vorhinein wichtige Vorüberlegungen hinsichtlich der *zeitlichen Platzierung*, der *Vorbereitung des*

*Testfeldes*, der *Provokation des Testverhaltens* sowie der *Registrierung des Testverhaltens* angestellt werden (vgl. Neumaier 1983, 221ff.).

So wurde unter anderem bereits vor dem eigentlichen Testtermin ein Informationsblatt mit der Kurzfassung des „Deutschen Motorik-Tests 6-18" an die Testteilnehmer verteilt, um sie mit dem sportmotorischen Test vertraut zu machen. Auf diese Weise konnte sichergestellt werden, dass die Anforderungen des Tests allen Probanden bekannt waren und durch das Ausprobieren der Testaufgaben Lerneffekten während der Testdurchführung entgegengewirkt werden.

Außerdem wurde zusätzlich ein Testhelfer ausgebildet, um die Durchführung als Gruppentest im Stationsbetrieb zu ermöglichen und um einen reibungslosen Ablauf im vorgegebenen Zeitrahmen zu gewährleisten.

Des Weiteren mussten zwei Gymnastikmatten aus dem Geräteraum der Goetheschule Würzburg entliehen werden, da diese sich auf Grund ihres Materials und Elastizitätsverhaltens sowohl für Liegestütz als auch Sit-ups deutlich besser eigneten, als die zur Verfügung stehenden Weichbodenmatten des Matthias-Grünewald Gymnasiums. Die Durchführung des „Deutschen Motorik-Tests 6-18" fand am 07.07.2010 zwischen 11.15 Uhr und 13.00 Uhr in der Turnhalle des Matthias-Grünewald Gymnasiums statt. Die dafür notwendigen Geräte und Hilfsmittel wurden von mir bereits im Voraus aufgebaut und positioniert um sicherzustellen, dass das Testfeld und seine verschiedenen Übungsstätten den von Prof. Dr. Bös formulierten Vorgaben entsprachen. Nach Eintreffen der Probanden, die sich aus dem Sportleistungs- und Grundkurs der 12. Jahrgangsstufe zusammensetzten, wurden diese noch einmal kurz über den Ablauf informiert und anschließend aufgefordert, sich selbstständig aufzuwärmen. Außerdem wurde jedem Testteilnehmer ein Erfassungsbogen ausgeteilt, auf welchem dieser selbständig seinen Namen und die konstitutionellen Merkmale Größe und Gewicht eintrug, damit der „Body-Mass-Index" ermittelt werden konnte.

Daraufhin wurde zunächst der *20 Meter Sprint* von allen Probanden gemeinsam absolviert, wobei ein Testleiter als Starter, der andere als Zeitnehmer und eine weitere Person als Zeitenschreiber fungierte.

Anschließend wurden die Testteilnehmer in zwei Gruppen eingeteilt, die jeweils von einem Testleiter betreut wurden. Während die eine Gruppe die Übungen *Seitliches Hin- und Herspringen*, *Rumpfbeuge* und *Standweitsprung* durchführte, konnte die andere die

Übungen *Liegestütz* und *Sit-ups* zeitgleich absolvieren. Im Anschluss daran wechselten die Gruppen den Testleiter, so dass die jeweils noch fehlenden Testaufgaben durchgeführt werden konnten.

Der abschließende *Sechs-Minuten-Lauf*, für den der Raum der gesamten Sporthalle benötigt wurde, erforderte die Zusammenlegung beider Gruppen. Der Ausdauerlauf wurde in zwei Durchgängen absolviert, wobei jeder Proband aufgefordert wurde, sich einen Partner zu suchen. Während der eine lief, hatte der jeweils andere die Aufgabe, die Runden zu zählen und nach Ablauf der Zeit die zurückgelegte Wegstrecke zu errechnen und in den Erfassungsbogen einzutragen.

## 4. Auswertung und Interpretation der erhaltenen Daten

### 4.1. Ordnen und Darstellen der Messwerte durch Normierung

Die Testdurchführung liefert als Ergebnis die Rohdaten[1] in Form eines ausgefüllten Erfassungsbogens mit den verschiedenen Einzelresultaten der Probanden. Da die Messwerte in dieser Form weder eingeordnet noch verglichen werden können, ist eine Normierung der Testwerte durch die Transformation in eine andere Skala erforderlich. Hierbei werden die erhobenen Daten mit Referenzwerten verglichen, welche auf Daten aus empirischen Studien basieren. Als Basis dient dabei eine repräsentative Stichprobe, wobei Normierungen nach Alter und Geschlecht zusätzlich differenziert werden müssen, damit die Leistungen sinnvoll verglichen werden können. Für diese Normierung können unterschiedliche mathematische Verfahren verwendet werden, um die Einordnung der Einzelergebnisse zu ermöglichen. Die im Folgenden verwendete Methode transformiert die Testergebnisse mit Hilfe der Mittelwerte und Standardabweichungen aus den empirischen Studien. Dieses Verfahren lässt sich immer dann anwenden, wenn man davon ausgehen kann, dass die untersuchten Merkmale normalverteilt sind. Bei den Übungen des sportmotorischen Tests zeigen die empirischen Studien, die den Vergleichstabellen zugrunde liegen, dass dies bei allen Übungen der Fall ist. Als Vergleichsgröße dient der z-Wert, der nach folgender Formel berechnet wird:

$z = (\text{individueller Wert} - \text{Mittelwert}) / \text{Standardabweichung}$

Der Mittelwert der z-Skala ist 0 und die Standardabweichung 1, wobei 99% der Messwerte im Bereich von -3 bis 3 streuen (vgl. Bös 2009, 51f.).

---

[1] Siehe Anhang, S.16, Abb.4: Rohdaten und z-Werte aller Probanden

**4.2. Erstellung der Testprofile und Bildung der Gesamtwerte**

Im Zuge der Testauswertung wurde für jeden Probanden sowohl ein Testprofil erstellt als auch ein Gesamtwert[2] gebildet, so dass eine Interpretation mit Hilfe der Profilauswertung möglich war.

Bei der Erstellung der individuellen Testprofile wurden zunächst die z-Werte für die Einzeltests gebildet. Hierbei konnten die alters- und geschlechterbezogenen z-Werte für alle sieben Testaufgaben mit Hilfe der sich im Anhang des „Deutschen Motorik-Tests" befindenden Normtabellen bestimmt werden.

Anschließend wurden die Dimensionsergebnisse für die Dimensionen Koordination unter Zeitdruck (*Seitliches Hin- und Herspringen*), Beweglichkeit (*Rumpfbeuge*), Ausdauer (*6-Minuten-Lauf*) und Kraft[2] (*20m-Sprint, Standweitsprung, Liegestütz, Sit-ups*) ermittelt. Als Dimensionswert für die Kraftfähigkeit wurde das aus den vier z-Werten errechnete arithmetische Mittel verwendet. Durch das Eintragen der gebildeten Dimensionsergebnisse in einen Auswertungsbogen konnten somit die einzelnen Testprofile der Probanden für die vier Dimensionen erstellt werden. Für eine Klassifikation der Testprofile wurde außerdem eine formale Zuordnung vorgenommen, wobei zwischen vier Typen von Testprofilen unterschieden wurde: Testprofil A (alle Dimensionsergebnisse sind durchschnittlich oder besser), Testprofil B (alle Dimensionsergebnisse sind durchschnittlich), Testprofil C (alle Dimensionsergebnisse sind durchschnittlich oder schlechter) und Testprofil D (die Dimensionsergebnisse streuen von überdurchschnittlich bis unterdurchschnittlich). Zudem wurde für alle Probanden als Gesamtwert der Mittelwert aller Einzelergebnisse berechnet. Dabei wurde das Dimensionsergebnis Beweglichkeit (*Rumpfbeuge*) nicht berücksichtigt, da es sich bei dieser nicht um eine motorische Fähigkeit im eigentlichen Sinne handelt. Im Anschluss daran wurde für alle Teilnehmer der Mittelwert aller sechs Einzelergebnisse als Gesamtwert berechnet. Um eine Bewertung der Gesamtwerte und Dimensionsergebnisse vornehmen zu können, werden diese einer bestimmten Leistungsklasse zugeordnet.

Dazu wird die Skala der z-Werte in fünf Intervalle (Quintile)[3] von „weit unterdurchschnittlich" bis „weit überdurchschnittlich" unterteilt, in denen jeweils circa 20% der Messwerte aus den Vergleichsstudien liegen (vgl. Bös 2009, 60ff.).

---

[2] Siehe Anhang, S.16, Abb.5: Die Dimension Kraft, die Gesamtwerte und deren Bewertung

[3] Siehe Anhang, S.16, Abb.6: Z-Wert Bereiche für die Einteilung in Quintile

## 4.3. Analyse der Testprofile

Nachdem die Bandbreite der verschiedenen Resultate aller Testprofile zu groß ist, um eine übersichtliche und anschauliche Analyse zu ermöglichen, werden diese unter unterschiedlichen Gesichtspunkten interpretiert. Da der aus den konstitutionellen Merkmalen Größe und Gewicht berechnete „Body-Mass-Index" bei allen Probanden im Normalbereich liegt, findet dieser bei der Auswertung und Interpretation der Testergebnisse keine besondere Berücksichtigung.

### 4.3.1. Vergleich der männlichen- und weiblichen Probanden

Zunächst werden die Testergebnisse der männlichen und weiblichen Teilnehmer verglichen. Dazu werden für die vier untersuchten motorischen Grundfähigkeiten jeweils die arithmetischen Mittel der männlichen und die der weiblichen Probanden berechnet, mit deren Hilfe ein Vergleich beider Geschlechtergruppen möglich ist. Die Dimensionsergebnisse beider Gruppen sind in Abbildung 1 dargestellt.

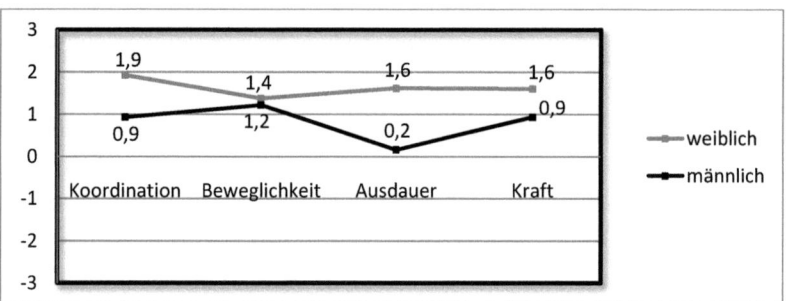

Abb. 1: Vergleich der männlichen- und weiblichen Probanden

Während die Testergebnisse der weiblichen Probanden in allen Dimensionen weit überdurchschnittlich sind, schneiden die männlichen Probanden bei den Dimensionen Koordination unter Zeitdruck, Beweglichkeit und Kraft weit überdurchschnittlich und bei der Dimension Ausdauer durchschnittlich ab. Insgesamt weisen beide Geschlechtergruppen das Testprofil A auf, da in allen Dimensionen durchschnittliche oder bessere Ergebnisse erzielt wurden, die sich nur in ihrem Gesamtwert unterscheiden. Während die männlichen Probanden einen Gesamtwert von 0.81 z erreichen, was überdurchschnittlichen Leistungen entspricht, beläuft sich der Gesamtwert der weiblichen Testpersonen auf 1.66 z, was im weit überdurchschnittliches Bereich liegt.

### 4.3.2. Vergleich des vereinslosen Probanden mit den Vereinsmitgliedern

Außer dem Vergleich der männlichen- mit den weiblichen Testteilnehmern wird die zwischen der körperlich-sportlichen Aktivität und der motorischen Leistungsfähigkeit bestehende Relation durch den Vergleich des vereinslosen mit den in einem Sportverein aktiven Probanden untersucht.

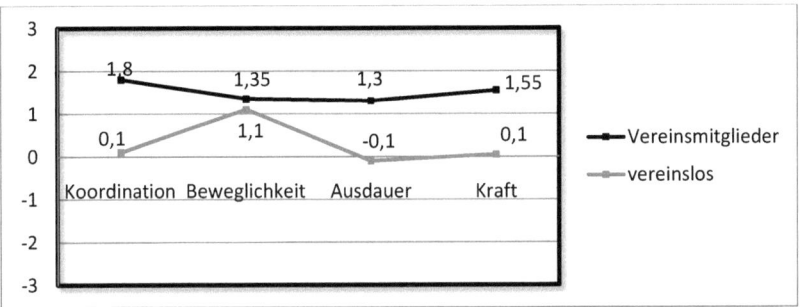

Abb. 2: Vergleich des vereinslosen Probanden mit den Vereinsmitgliedern

Während die Testergebnisse der Vereinsmitglieder in allen Dimensionen weit über-durchschnittlich sind, schneidet der vereinslose Proband bei den Leistungsbereichen Koordination und Zeitdruck, Ausdauer und Kraft durchschnittlich und bei der Dimension Beweglichkeit weit überdurchschnittlich ab. Insgesamt weisen beide Vergleichs-gruppen das Testprofil A auf, da in allen Dimensionen durchschnittliche oder bessere Ergebnisse erzielt wurden, die sich wiederum nur in ihrem Gesamtwert unterscheiden. Während die Testpersonen, die in einem Sportverein aktiv tätig sind, mit einem Ge-samtwert von 1.55 z ein weit überdurchschnittliches Testergebnis erzielen, ergibt sich für den vereinslosen Probanden ein Gesamtwert von 0.03 z, was ihm lediglich ein durchschnittliches Abschneiden bescheinigt.

Insgesamt entspricht dieses Resultat den Erwartungen, auch wenn der geringe Stichpro-benumfang eine Generalisierung der Befunde nicht zulässt.

### 4.3.3. Vergleich verschiedener Testprofile

Die Analyse der Testprofile zeigt zudem, dass sich zwei grundsätzlich verschiedene Leistungsmuster nachweisen lassen, denen die Profile aller neun Probanden zugeordnet werden können.

Diese sind in Abbildung 3 anhand von zwei besonders markanten Beispielen dargestellt. Probandin A repräsentiert die Testpersonen, die ein relativ konstantes Leistungsverhalten in den einzelnen Leistungsbereichen zeigen, Probandin B die Gruppe derjenigen, die in den einzelnen Dimensionen ein sehr unterschiedliches Leistungsniveau aufweisen.

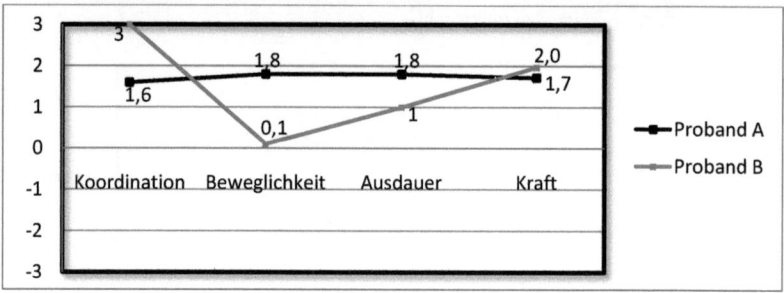

Abb. 3: Vergleich verschiedener Testprofile

Die Testergebnisse der Probandin A sind in den Leistungsbereichen Koordination unter Zeitdruck, Beweglichkeit, Ausdauer und Kraft allesamt weit überdurchschnittlich und somit alle vier motorischen Fähigkeiten auf einem vergleichbar hohen Niveau ausgeprägt. Im Gegensatz dazu streuen die Ergebnisse der Probandin B von weit überdurchschnittlich bis durchschnittlich. Ausgeprägte Stärken können in den Dimensionen Koordination unter Zeitdruck, Ausdauer und Kraft ausgemacht werden, wobei die Testperson in der Beweglichkeit lediglich durchschnittlich leistungsfähig ist. Hierbei zeigt der Gesamtwert von 1.98 z, dass das Gesamtniveau der Leistungsfähigkeit der Probandin B trotz ihrer Unbeständigkeit weit überdurchschnittlich ist und damit im Vergleich zu Probandin A, deren Gesamtwert 1.71 z beträgt, ein leicht besseres Ergebnis liefert. Somit können beide Profile dem Testprofil A zugeordnet werden, da in allen Leistungsbereichen durchschnittliche oder bessere Dimensionswerte erzielt wurden.

## 5. Résumé

Zusammenfassend lässt sich sagen, dass die Testgruppe beim „Deutschen Motorik-Test 6-18" ein weit überdurchschnittliches Ergebnis erzielte, was auf Grund ihrer Zusammensetzung aus sieben dem Leistungskurs- sowie zwei dem Grundkurs Sport angehörige Probanden durchaus den Erwartungen entspricht, zumal 89% der Testteilnehmer über den Schulsport hinaus als Vereinsmitglieder in ihrer Freizeit regelmäßig sportlich aktiv sind. Eine Generalisierung der Befunde ist dennoch nicht zulässig, da der Stichprobenumfang zu gering ist.

Im Hinblick auf ihre individuelle Trainingssteuerung wurden die Testteilnehmer über ihr Abschneiden in den einzelnen Dimensionen des „Deutschen Motorik-Tests" informiert, so dass sie durch die Kenntnis dieser ihren Leistungsstand erfassenden Informationen mögliche Korrekturen am persönlichen Trainingsplan vornehmen konnten.

# 6. Anhang

- **Rohdaten und z-Werte aller Probanden**

| Name | 20m | z | LS | z | SU | z | SW | z | SHH | z | RB | z | 6min | z |
|------|-----|---|-----|------|-----|------|------|-----|------|------|------|-----|--------|------|
| Proband A | 3,1 | 1,6 | 23,0 | 2,0 | 38,0 | 1,0 | 249,0 | 1,5 | 43,0 | 0,8 | 23,2 | 2,0 | 1400,0 | 0,3 |
| Proband B | 3,64 | -1 | 21 | 1,6 | 25 | -1,6 | 228 | 0,7 | 38,5 | 0,1 | 8,5 | 1,1 | 1323,0 | -0,1 |
| Proband C | 3,36 | 0,5 | 22 | 2 | 37 | 0,8 | 251 | 1,6 | 52 | 1,9 | 2,9 | 0,6 | 1400 | 0,3 |
| Probandin A | 3,52 | 1,2 | 20 | 2,27 | 28 | 0,4 | 224 | 3 | 45 | 1,6 | 19,2 | 1,8 | 1258 | 1,8 |
| Probandin B | 3,38 | 1,7 | 20 | 2,27 | 31 | 1 | 222 | 3 | 54,5 | 3 | 2,5 | 0,1 | 1145 | 1 |
| Probandin C | 3,79 | 0,3 | 20 | 2,27 | 33 | 1,4 | 211 | 2,5 | 49,5 | 2,3 | 21,9 | 2,2 | 1359 | 2,6 |
| Probandin D | 3,64 | 0,8 | 21 | 2,8 | 28 | 0,4 | 194 | 1,7 | 46,5 | 1,8 | 13,9 | 1,3 | 1187 | 1,3 |
| Probandin E | 3,45 | 1,4 | 18 | 1,8 | 29 | 0,6 | 215 | 2,5 | 42,5 | 1,15 | 14 | 1,4 | 1259 | 1,8 |
| Probandin F | 3,77 | 0,5 | 22 | 3 | 32 | 1,2 | 171 | 0,8 | 46 | 1,7 | 15,9 | 1,5 | 1166 | 1,2 |

Abb. 4:Tabelle der Rohdaten und z-Werte aller Probanden

- **Die Dimension Kraft, die Gesamtwerte und deren Bewertung**

| | Kraft (z) | Gesamtwert (z) | Z | Bewertung | Quintil |
|------|-----------|----------------|------|-----------|---------|
| Proband A | 1,5 | 1,2 | 112,0 | weit überdurchschnittlich | Q5 |
| Proband B | 0,1 | 0,03 | 100,3 | durchschnittlich | Q3 |
| Proband C | 1,2 | 1,18 | 111,8 | weit überdurchschnittlich | Q5 |
| Probandin A | 1,7 | 1,71 | 117,1 | weit überdurchschnittlich | Q5 |
| Probandin B | 2,0 | 1,98 | 119,8 | weit überdurchschnittlich | Q5 |
| Probandin C | 1,6 | 1,89 | 118,9 | weit überdurchschnittlich | Q5 |
| Probandin D | 1,4 | 1,47 | 114,7 | weit überdurchschnittlich | Q5 |
| Probandin E | 1,6 | 1,54 | 115,4 | weit überdurchschnittlich | Q5 |
| Probandin F | 1,4 | 1,39 | 113,9 | weit überdurchschnittlich | Q5 |

Abb. 5: Tabelle der Dimension Kraft, der Gesamtwerte und deren Bewertung

- **Z-Wert Bereiche für die Einteilung in Quintile**

| Z-Wert Bereich | Quintil | Bewertung |
|---------------|---------|-----------|
| $\leq$ 91,67 | Q1 | weit unterdurchschnittlich |
| 93 bis $\leq$ 97,5 | Q2 | unterdurchschnittlich |
| 98 bis $\leq$ 102,5 | Q3 | durchschnittlich |
| 103 bis $\leq$ 108,33 | Q4 | überdurchschnittlich |
| > 108,33 | Q5 | weit überdurchschnittlich |

Abb. 6: „Z-Wert Bereiche für die Einteilung in Quintile" (vgl. Bös 2009, 61)

# 7. Literaturverzeichnis

Bös, K.: Deutscher Motorik Test 6-18, Hamburg, 2009

Harre, D.: Trainingslehre 8, Berlin, 1976

Lienert, G.A.: Testaufbau und Testanalyse, Weinheim, 1969

Neumaier, A.: Sportmotorische Tests in Unterricht und Training: Grundlagen der Entwicklung, Auswahl und Anwendung motorischer Testverfahren im Sport, Schorndorf, 1983

# 8. Abbildungsverzeichnis